QUAND J'ÉTAIS PETIT ...

PAR PHILIPPE NESSMANN

QUAND J'ÉTAIS PETIT...

(C'était avant)

Palette...

En souvenir de Letty et Pipo,
mes grands-parents,
qui m'ont offert tant
de merveilleux souvenirs.

Ph. N

Il y a quelques mois de cela,
j'ai fait une étonnante découverte :
mon fils de huit ans ignorait
que le lait réchauffé dans une casserole
débordait lorsqu'il n'était pas
surveillé, puis qu'une fine peau
se formait à sa surface lorsqu'il
refroidissait. Cette ignorance était
tout à fait normale : depuis toujours,
il ne boit que du lait réchauffé
au four à micro-ondes, directement
à la bonne température.
Quelques jours plus tard, en mangeant
une salade en sachet, je me suis
souvenu du plaisir éprouvé, lorsque
j'étais petit, à découvrir le cœur
de la laitue dans mon assiette
puis à le croquer – un menu plaisir
qui a disparu avec les salades
toutes prêtes. J'ai alors décidé
de creuser dans ma mémoire,
de partir à la recherche de ces petits
riens qui ont marqué mon enfance,
de ces minuscules vestiges
aujourd'hui enfouis sous des années
de changements et de progrès.

Voici le résultat de mes fouilles…

AGA
Raymond
Kopa

SOMMAIRE

Quand j'étais petit,

je savais l'âge exact

que j'aurais

en l'an 2000,

et je trouvais ça vieux.

(C'était avant que je ne devienne plus vieux encore)

TADAM-tadam... TADAM-tadam... TADAM-tadam... TA

QUAND J'ÉTAIS PETIT,

je m'endormais dans le train

bercé par le

M-tadam... TADAM-tadam... TADAM-tadam...

des roues au passage

des joints de dilatation.

(C'était avant que les rails ne soient soudés et que ce bruit ne disparaisse)

QUAND J'ÉTAIS PETIT,

pour changer de chaîne,

il fallait se lever et appuyer

sur un BOUTON du téléviseur ;

souvent, je regardais un programme

ennuyeux jusqu'au bout,

par pure flemme.

(C'était avant les télécommandes)

QUAND J'ÉTAIS PETIT,

à l'école,

lorsque ma maîtresse

distribuait les polycopies

faites avec des **STENCILS,**

je posais mon nez dessus

et respirais

l'odeur d'alcool.

(C'était avant les photocopieuses)

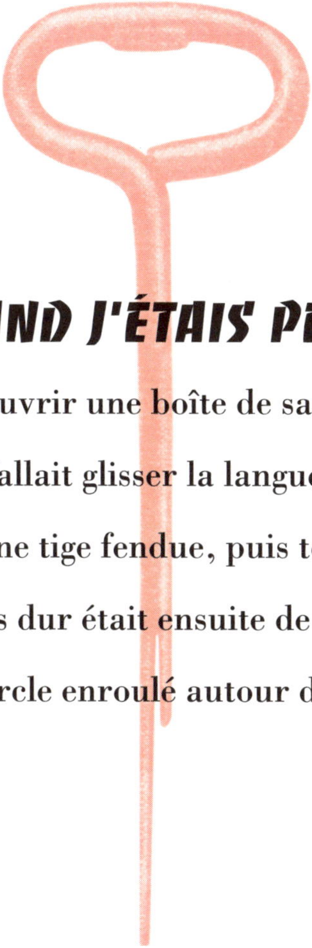

QUAND J'ÉTAIS PETIT,

pour ouvrir une boîte de sardines,

il fallait glisser la languette

dans une tige fendue, puis tourner.

Le plus dur était ensuite de retirer

le couvercle enroulé autour de la tige.

(C'était avant les systèmes d'ouverture facile)

Quand j'étais petit,

les futurs parents devaient trouver deux prénoms pour leur futur bébé : un pour un garçon et un autre pour une fille.

(C'était avant les échographies)

Quand j'étais petit,

après avoir utilisé le Minitel,

je veillais à bien appuyer sur le bouton

Connexion fin

sinon ça coûtait une fortune

– de toute façon,

ça coûtait une fortune.

*(C'était avant les ordinateurs
et les connexions illimitées à internet)*

QUANDJ'ÉTAIS PETIT,

dans les magasins, une étiquette était collée sur chaque produit avec son prix. Parfois, j'échangeais deux étiquettes pour payer moins cher.

(C'était avant les codes-barres)

Quand j'étais petit,

les **phares** avant des voitures étaient

jaunes : la nuit, on reconnaissait

les voitures étrangères

à leurs **phares blancs.**

(C'était avant la normalisation européenne)

QUAND J'ÉTAIS PETIT,

je plongeais avec excitation ma main dans la poudre du baril de Bonux, espérant y trouver un avion en plastique et redoutant de tomber sur un ruban de couturière.

(C'était avant la disparition du cadeau Bonux entre 1990 et 2000, puis de cette marque de lessive)

Quand j'étais petit,

lorsque je me trompais en composant un numéro de téléphone, je devais tout recommencer depuis le début.

(C'était avant le remplacement des cadrans par des claviers numériques)

QUAND J'ÉTAIS PETIT.

pour faire croire à ma mère

que j'avais de la fièvre, je chauffais

le thermomètre sur L'AMPOULE

de ma lampe de chevet.

(C'était avant le remplacement des thermomètres à mercure par des thermomètres électroniques)

QUAND J'ÉTAIS PETIT,

pour fermer une enveloppe

ou coller un timbre,

il fallait les lécher :

ça laissait un goût bizarre

sur le bout de la langue.

(C'était avant les enveloppes
et les timbres autocollants)

Quand j'étais petit,

**pendant les longs voyages,
je dormais au fond de la voiture,
allongé sous la lunette arrière.**

*(C'était avant les sièges auto
et les ceintures de sécurité obligatoires)*

microsillon médium
HAUTE FIDELITE
N 76.061
n° 1
Quand
j'étais petit,
Minigroove 33⅓

je m'amusais à écouter

des disques 33 tours

à la vitesse de 45 tours

par minute :

c'était rigolo d'entendre

la chanson en accéléré

avec des voix aiguës.

(C'était avant les CD)

QUAND J'ÉTAIS PETIT,

faire son lit était une véritable corvée : il fallait tendre le drap du dessous, mettre la couverture, replier le drap sur la couverture puis border le tout.

(C'était avant les couettes)

QUAND J'ÉTAIS PETIT,

je fabriquais
du jus d'orange
en mélangeant du TANG
avec de l'eau.
Comme ce n'était pas
très bon, il m'arrivait
de lécher
directement
la poudre.

*(C'était avant l'arrêt
de la commercialisation de cette poudre)*

Quand j'étais petit,

lorsqu'un train démarrait, il y avait toujours un ou deux retardataires qui couraient après et sautaient dedans au dernier moment.

(C'était avant la fermeture automatique des portières avant le départ)

QUAND J'ÉTAIS PETIT,

les programmes télévisés s'arrêtaient

vers minuit. Ensuite, toute la nuit,

il y avait soit de la **NEIGE** sur l'écran,

soit une mire.

(C'était avant la diffusion des programmes 24 heures sur 24)

Quand j'étais petit,

je portais des sous-pulls à col roulé

en matière synthétique :

le soir, lorsque je les enlevais,

ils faisaient des **étincelles**

à cause de l'électricité statique.

(C'était avant que je ne refuse de les mettre)

QUAND J'ÉTAIS PETIT,

la colle blanche était vendue

en petit pot : elle sentait l'amande

et s'étalait avec une sorte de pinceau.

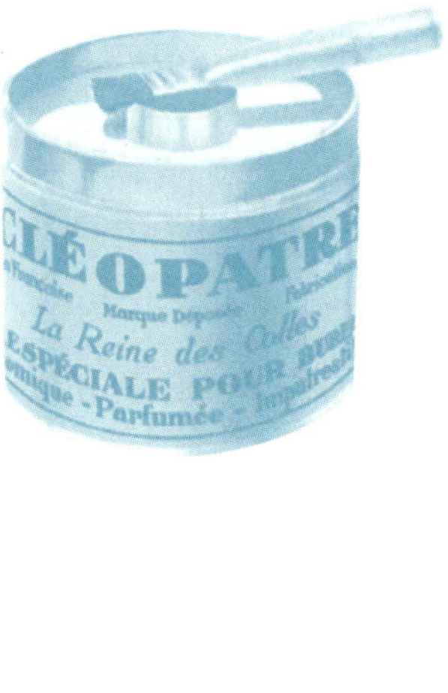

(C'était avant la colle en stick)

Quand j'étais petit,

avec mon argent de poche,
je m'achetais des **Treets**
– « fond dans la bouche,
pas dans la main » –
et des Raiders
– « 2 doigts coupe faim ».

(C'était avant qu'ils ne soient rebaptisés M&M's et Twix)

Quand j'étais petit,

**les vieux parlaient
en « anciens francs » : avec eux,
tout paraissait cent fois plus cher
qu'en réalité.**

*(C'était avant que l'euro ne leur donne
un nouveau coup de vieux)*

Lagnieu
Villeneuve
Conand
Souclin
St Sorlin
le Trolliet
Posafol
Port Lagnieu
Vertrieu
Soudon
Proulieu
Ft de St Serverin
Sault
Bouis
Villebois
Salette
Grotte
la Balme
les Grottes
29
la Montagne
Amblagnieu
Bois de Cuny
Bénonce
Parmilieu
Marieu
Porcieux
Pressieu
Amblérieu
Cacheruit
Conilieu
Vassieu
la Brosse
Et g Tabouret
Ecottier
Charette
Montalieu
Marigneu
Torjonas
Vercieu
Et g de Montem
Serrières
les Granges
Verney
St Baudille
Bouvesse
Hières
Egnieu
Chapieu
le Bayard
Verna
Brotel
Surbaix
Boulieu
Chatelans
Gorges
Chapagne
Et g de Lemps
Poleyrieu
Gripoux
Annoisin
Optevoz
Bois de Burnoud
Michalieu
Chanixieu
Siccieu-St Julien
Courtenay
Bois du Mont
la Perrière
Carisieu
Dizimieu
Tirieu
Arandon
Soleymieu
Chassin
Coxance
Couvaloup
Serrière
Passins
Crisieu
Sablonnières
Montolivet
Trept
Morestel
N.75
N517
RHONE

Quand j'étais petit,

il était aussi difficile de se repérer

sur une carte routière

que de la replier après usage.

(C'était avant les GPS)

Quand j'étais petit,

les automobilistes devaient

chaque année acheter une vignette

colorée et la coller sur leur pare-brise :

celui de certaines vieilles voitures

en était couvert.

(C'était avant la suppression de cette taxe en l'an 2000)

QUAND J'ÉTAIS PETIT,

sur le parking des supermarchés, un employé formait un petit train avec les chariots abandonnés, puis il les ramenait à l'intérieur.

(C'était avant que l'emprunt et l'abandon d'un chariot ne coûte 1 euro)

QUAND J'ETAIS PETIT,

la pâte à modeler était très dure

lorsqu'elle était froide :

il fallait la malaxer longuement

pour la ramollir.

(C'était avant les pots de Play-Doh)

QUAND J'ÉTAIS PETIT,

pour une raison que j'ignore,
le fil du combiné téléphonique finissait
toujours par s'entortiller sur lui-même.

*(C'était avant les téléphones sans fil.
Vivement les sèche-cheveux sans fil !)*

Quand j'étais petit,

les toilettes de certains

vieux bâtiments étaient un simple

trou au-dessus duquel il fallait

s'accroupir et viser juste,

tout en conservant son équilibre.

(C'était avant la disparition des toilettes à la turque)

QUAND J'ÉTAIS PETIT,

je ne parvenais jamais à écrire

du premier coup une longue lettre

sans erreur ni rature :

deux ou trois feuilles finissaient

toujours en BOULE sur la table.

(C'était avant les e-mails)

QUAND J'ÉTAIS PETIT,

lorsque nous regardions un film de vacances en famille, le projecteur Super 8 emplissait le salon de son bruit de moulin à légumes.

(C'était avant la vidéo)

Quand j'étais petit,

je rapportais toujours de mes voyages en Europe quelques pièces de monnaie inutilisées, en souvenir.

(C'était avant l'euro)

Quand j'étais petit,

lorsque j'oubliais de remonter

ma montre le soir, elle s'arrêtait

dans la nuit et, le lendemain,

elle indiquait l'heure exacte

de son arrêt.

(C'était avant les montres à pile)

Quand j'étais petit,
ma grand-mère broyait
les grains de café
dans un petit moulin à manivelle :
lorsqu'elle ouvrait le tiroir
en bois recueillant le café moulu,
ça embaumait.

(C'était avant le café moulu en sachet sous vide)

QUAND J'ÉTAIS PETIT,

je portais des pantalons en velours côtelé beige. Parfois, de la Vache qui Rit s'incrustait et séchait entre deux côtes et je devais la gratter du bout de l'ongle.

(C'était avant les jeans pour tous)

QUAND J'ÉTAIS PETIT,

je croyais que
les Barbapapa
étaient gris,
sauf Barbamama
et Barbouille
qui étaient **NOIRS**.

(C'était avant la télévision en couleurs)

Quand
j'étais
petit

j'avais dans mon cartable une petite

boîte contenant une éponge mouillée,

pour effacer la craie sur mon ardoise :

elle sentait souvent mauvais.

(C'était avant les ardoises Velléda)

QUAND J'ÉTAIS PETIT,

à certains passages à niveau,
un garde-barrière baissait puis relevait
manuellement les barrières à l'aide
d'une grande **MANIVELLE**.

(C'était avant l'automatisation des passages à niveau, puis la suppression d'une majorité d'entre eux)

QUAND J'ÉTAIS PETIT,

lorsque j'ouvrais

une canette de soda,

l'anneau en métal

me restait dans les doigts.

Je m'en faisais une **BAGUE**.

(C'était avant la languette inamovible)

Quand j'étais petit,

on ne se demandait jamais si,
au passage à l'heure d'été, il fallait
avancer ou reculer d'une heure :
c'était la même heure toute l'année.

*(C'était avant l'adoption
de l'heure d'été par la France en 1976)*

Remington
Remington Rand

QUAND J'ÉTAIS PETIT,

lorsque mon père écrivait une lettre

sur sa machine à écrire,

une petite sonnette tintait

à la fin de chaque ligne.

(C'était avant le traitement de texte sur ordinateur)

Quand
j'étais
petit,

pour entrer dans une voiture fermée à clé, les passagers devaient attendre que le conducteur y pénètre puis se contorsionne pour déverrouiller, une à une, toutes les portières.

(C'était avant la fermeture centralisée des portières)

QUAND J'ÉTAIS PETIT,

dans les bibliothèques,
une fiche cartonnée était insérée
à la fin de chaque livre, avec les noms
des précédents emprunteurs
et les dates de sortie.

(C'était avant l'informatisation des bibliothèques)

Quand j'étais petit,

les cabines téléphoniques

à pièces rendaient l'argent

non consommé : il m'arrivait

de faire la tournée des cabines,

à la recherche de **piécettes oubliées**

par un précédent utilisateur.

(C'était avant le paiement par Télécarte en 1984, puis par carte bancaire)

QUAND J'ÉTAIS PETIT,

le vaccin contre la variole

et le BCG laissaient des cicatrices

sur l'avant-bras – des traits

et un large rond creux –

fierté des gamins dans les cours

de récré !

(C'était avant l'éradication de la variole
et le nouveau BCG)

QUAND J'ÉTAIS PETIT,

lorsque j'étais fatigué d'écouter RTL,

Europe 1 et RMC en Grandes Ondes,

je jetais une oreille aux stations

étrangères en ONDES COURTES.

J'avais l'impression d'être ailleurs.

(C'était avant les radios FM)

Quand

j'étais

petit,

le jour de mon anniversaire,
je recevais toujours du courrier :
une carte postale
de mes grands-parents
avec un petit mot écrit
en grosses lettres,
pour que je puisse le lire tout seul.

(C'était avant les cartes de vœux virtuelles sur internet)

QUAND J'ÉTAIS PETIT,

la concierge de mon immeuble

répandait une poudre jaune le long

du bâtiment pour que les chiens

ne viennent pas s'y soulager.

(C'était avant qu'un digicode ne remplace la concierge)

Quand j'étais petit,

lorsqu'il y avait du poisson

au déjeuner, je recrachais les arêtes

et les alignais avec soin sur le bord

de mon assiette.

(C'était avant le poisson surgelé garanti
« Qualité sans arête »)

QUAND J'ÉTAIS PETIT,

lorsque je sortais d'un train,

mes habits EMPESTAIENT la cigarette.

(C'était avant l'interdiction de fumer dans les transports en commun)

QUAND J'ÉTAIS PETIT,

pas besoin de lire le programme télévisé pour savoir ce qui passerait à l'écran : une GENTILLE DAME, assise dans le poste, le faisait pour vous.

(C'était avant la disparition des speakerines)

Quand
j'étais
petit,

je posais la plume

de mon stylo

sur un buvard

et regardais la tache

d'encre grandir,

grandir, **grandir**...

(C'était avant la disparition du papier buvard, victime de la fiabilité des stylos-plume)

QUAND J'ÉTAIS PETIT,

un seul pot de Danette suffisait pour toute la famille, mais il était géant. Ma mère tirait ensuite au sort celui qui aurait la chance de lécher le pot vide.

(C'était avant la prolifération des produits en portions individuelles)

Quand j'étais petit,

à l'approche de la Toussaint,

mes parents achetaient

des chrysanthèmes,

pas des citrouilles.

(C'était avant l'arrivée d'Halloween en France)

QUAND J'ÉTAIS PETIT,

pour rigoler, mon frère et moi

nous pincions chaque fois

que nous apercevions une 2CV VERTE.

(C'était avant que les 2CV ne deviennent des voitures de collection)

QUAND J'ÉTAIS PETIT,

ma mère rapportait au magasin les bouteilles en verre vides – celles avec les étoiles autour du goulot – pour récupérer l'argent de la consigne.

(C'était avant les bennes et les poubelles de recyclage du verre)

QUAND J'ÉTAIS PETIT,

avant le film au cinéma,

une vendeuse passait dans les rangs

avec en bandoulière

un panier plein d'Esquimaux.

Ça donnait envie !

(C'était avant que les friandises ne soient vendues près des caisses)

Quand j'étais petit,

lorsque quelqu'un parlait seul

dans la rue, c'était un fou.

(C'était avant les téléphones portables)

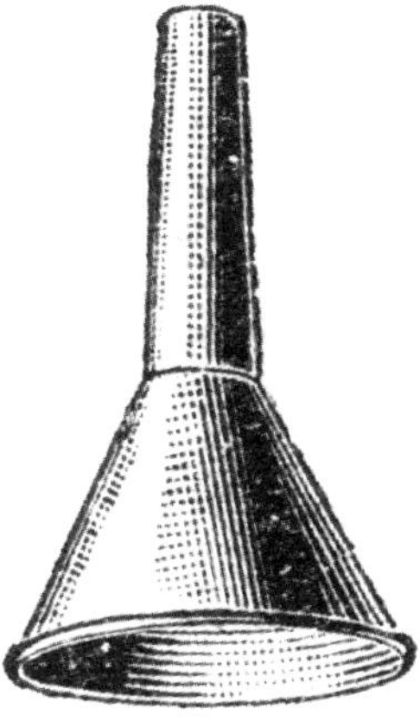

Quand j'étais petit,

dans les toilettes
publiques, le savon
avait la forme
d'un ballon de rugby
jaune et rotatif,
accroché au mur
par une tige en métal.
À l'usage,
il rapetissait
et se craquelait.

(C'était avant le savon liquide)

QUAND J'ÉTAIS PETIT,

pendant les longs trajets en voiture,

mon frère et moi finissions toujours

par nous exciter et nous chamailler.

Pour rétablir l'ordre, mon père menaçait

de nous laisser au bord de la route.

(C'était avant les lecteurs de DVD portables)

QUAND J'ÉTAIS PETIT,

pour faire des photos d'identité,

il fallait tenir la pose le temps

de quatre flashs. Pour le dernier,

je m'autorisais une GRIMACE.

(C'était avant les Photomaton à cliché unique)

QUAND J'ÉTAIS PETIT,

dans les ascenseurs, je faisais courir mes doigts sur le mur nu qui défilait devant moi, à la manière d'un petit bonhomme qui galope.

(C'était avant les portes intérieures de sécurité)

Quand j'étais petit,

je jouais à être grand en faisant semblant de fumer des cigarettes en chocolat. Comme le papier ramollissait au contact de mes lèvres, je finissais par le manger.

(C'était avant la tentative d'interdiction de ces cigarettes en 2005)

Quand j'étais petit,

en hiver, j'enfilais une cagoule

en laine qui, malgré tout l'amour

qu'avait mis ma mère à la tricoter,

me grattait furieusement le cou.

(C'était avant les bonnets et les écharpes en polaire)

QUAND J'ÉTAIS PETIT,

des problèmes techniques

interrompaient parfois le programme

télévisé : l'interlude musical

qui le remplaçait alors me paraissait

INTERMINABLE.

(C'était avant la fin des problèmes techniques et des interludes)

Quand j'étais petit,

à l'école, les tables étaient percées

d'un trou, sur leur partie

supérieure droite : j'y calais

mon petit pot de colle.

(C'était avant la disparition de ces derniers vestiges du temps des encriers)

Quand j'étais petit,

à Pâques, ma mère teintait

les œufs durs en ajoutant des pelures

d'oignon à l'eau de cuisson.

Parfois, la **coquille** se fendait

et le blanc de l'œuf brunissait.

(C'était avant les œufs Kinder)

QUAND J'ÉTAIS PETIT,

après avoir servi de l'essence, le pompiste demandait toujours s'il devait « mettre un p'tit coup sur le pare-brise ».

(C'était avant les stations en libre-service)

QUAND J'ÉTAIS PETIT,

le jour où la baguette de pain a coûté

un franc tout rond, je me souviens

que tout le monde en a parlé.

(C'était avant l'euro)

Quand j'étais petit,

lorsque je rentrais en retard

à la maison, ma mère s'inquiétait

et me demandait où j'étais passé.

(C'était avant que les collégiens et les lycéens n'aient un téléphone portable)

Quand j'étais petit,

j'enroulais le bout de mon tube

de dentifrice sur lui-même

à mesure qu'il se vidait.

À la fin, il devenait

ridiculement

petit.

(C'était avant le remplacement des tubes en métal par ceux en plastique)

QUAND J'ÉTAIS PETIT,

pour conserver une copie des lettres qu'il écrivait, mon père glissait du papier carbone entre deux feuilles blanches. Sur le carbone, ses mots apparaissaient en négatif et à l'envers.

(C'était avant les photocopieuses)

Quand j'étais petit,

j'ouvrais avec inquiétude le paquet de photos que je venais de faire développer : à l'intérieur, il y en avait toujours une bonne moitié trop claires, trop sombres, mal cadrées ou **floues**...

(C'était avant les photos numériques)

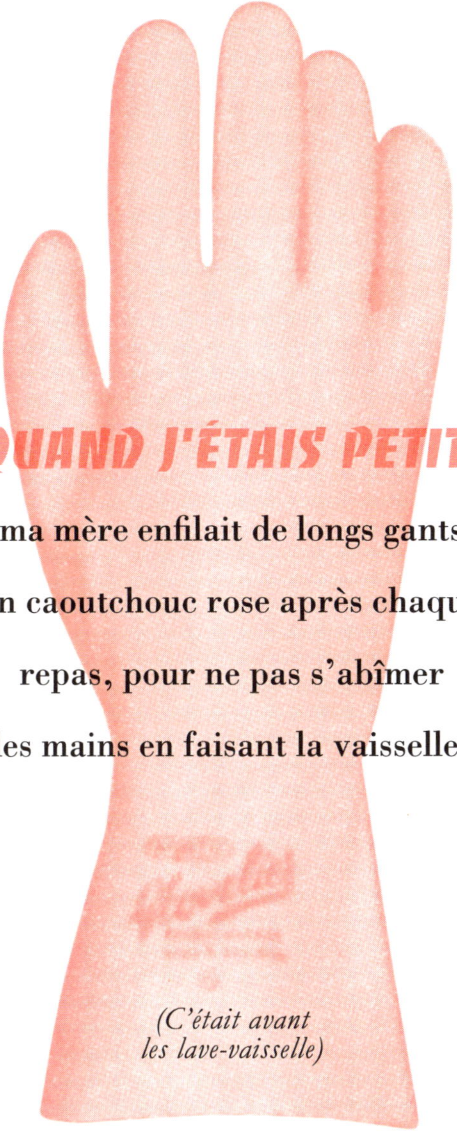

QUAND J'ÉTAIS PETIT,

ma mère enfilait de longs gants en caoutchouc rose après chaque repas, pour ne pas s'abîmer les mains en faisant la vaisselle.

(C'était avant les lave-vaisselle)

QUAND J'ÉTAIS PETIT,

les sucettes au caramel avaient la forme

d'une lance : à mesure qu'on les suçait,

elles devenaient pointues et coupantes

comme une flèche d'Indien.

(C'était avant la victoire des Chuppa Chups sur les Pierrot Gourmand)

Quand j'étais petit,

dans les gares,
il fallait acheter
un ticket pour
avoir le droit
d'accompagner
un voyageur
jusqu'à son train.

(C'était avant la suppression des tickets de quai)

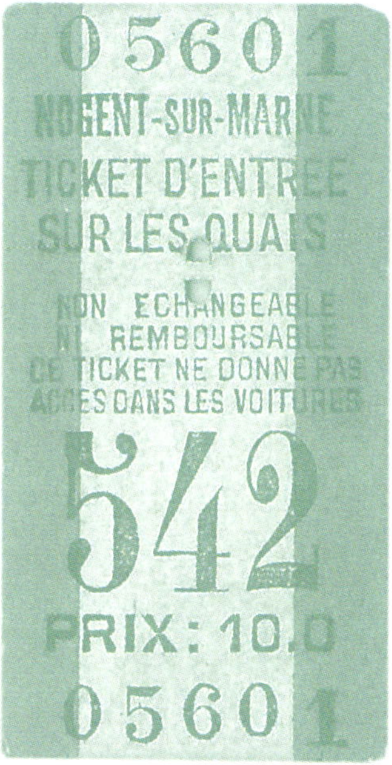
05601
NOGENT-SUR-MARNE
TICKET D'ENTREE
SUR LES QUAIS
NON ECHANGEABLE
NI REMBOURSABLE
CE TICKET NE DONNE PAS
ACCES DANS LES VOITURES
542
PRIX : 10.0
05601

QUAND J'ÉTAIS PETIT,

j'attendais avec impatience le mercredi

suivant – douce torture ! –

pour découvrir la suite des aventures

de **BELLE ET SÉBASTIEN**.

(C'était avant que les séries ne se retrouvent sur internet, avant même leur diffusion télévisée)

QUAND J'ÉTAIS PETIT,

pendant la récré de dix heures,

je dévorais les deux biscuits

que ma mère m'avait emballés

dans du **PAPIER DE SOIE**.

(C'était avant que des nutritionnistes ne jugent cette collation inutile)

QUAND J'ÉTAIS PETIT.

dans les transports en commun,
je regardais au-dessus de l'épaule
de mon voisin pour voir ce qu'il lisait.

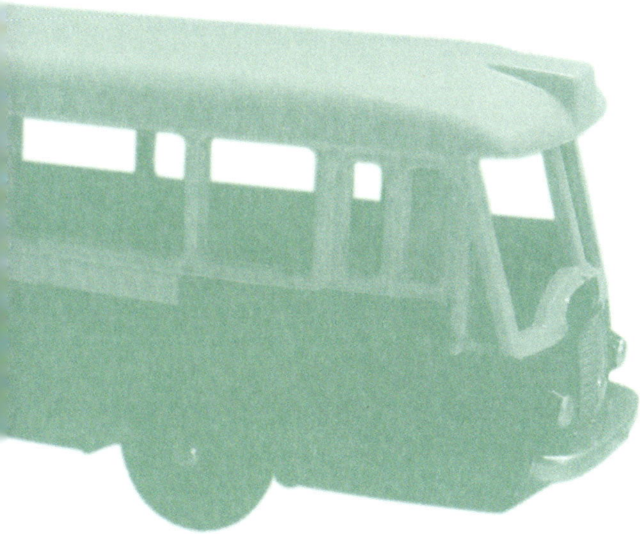

*(C'était avant que je ne regarde
ce qu'il fait sur son smartphone)*

QUAND J'ÉTAIS PETIT,
un ruban en caoutchouc pendouillait à l'arrière de nombreuses voitures et frottait sur la chaussée. Personne n'a jamais su me dire à quoi ça servait.

(C'était avant que ces rubans ne finissent à la casse avec les voitures qu'ils équipaient)

QUAND J'ÉTAIS PETIT,

ma pâtisserie préférée était

la « tête de nègre ».

(C'était avant qu'elle ne soit rebaptisée « meringue au chocolat »)

Quand j'étais petit,

les commerçants posaient

les cartes de crédit

sur un sabot puis,

d'un aller-retour,

prenaient l'empreinte

du numéro avec une sorte

de « fer à repasser ».

(C'était avant les lecteurs
de bande magnétique et de puce)

Quand j'étais petit,

j'achetais chaque mercredi

le dernier numéro de *Pif Gadget*.

Le gadget survivait rarement

jusqu'au mercredi suivant.

(C'était avant que ce magazine ne disparaisse, puis reparaisse, puis redisparaisse)

QUAND J'ÉTAIS PETIT,

j'attendais 21 heures pour téléphoner à mes copains, afin de profiter du tarif de nuit. Mais ensuite, je n'osais plus appeler, de peur de déranger leurs parents.

(C'était avant les box et le téléphone illimité)

SIDE
AGA
FERROCOLOR HD
90

QUAND J'ÉTAIS PETIT,

il arrivait que la bande magnétique

d'une audiocassette s'entortille

et forme une « perruque » : il fallait

alors la démêler puis la rembobiner

à l'aide d'un stylo-bille.

(C'était avant les CD)

Quand j'étais petit,

pour faire des frites,

il fallait commencer par éplucher

des pommes de terre.

(C'était avant les frites surgelées)

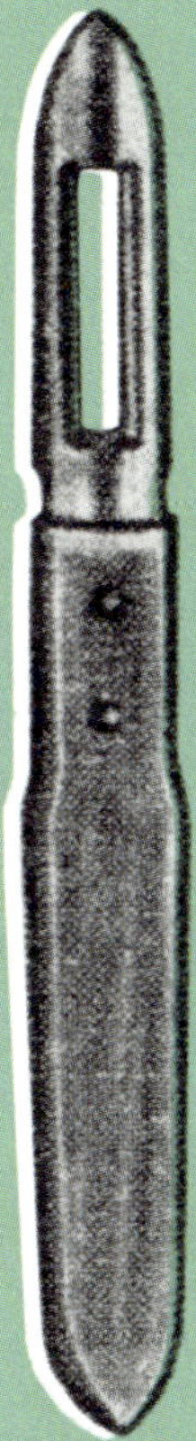

QUAND J'ÉTAIS PETIT,

lorsque nous revenions de la plage,

l'air dans la voiture était si BRÛLANT

qu'il fallait ouvrir grand les fenêtres

pour ne pas suffoquer.

(C'était avant la climatisation)

Quand j'étais petit,

chaque place de stationnement

payant avait son propre parcmètre :

il fallait glisser une pièce dans

une fente puis tourner une manette.

Lorsque l'aiguille était bloquée,

c'était gratuit.

(C'était avant les horodateurs à ticket)

QUAND J'ÉTAIS PETIT,

s'il n'y avait rien d'intéressant

sur TF1, sur Antenne 2 ni sur FR3,

je pouvais ÉTEINDRE la télévision.

(C'était avant La Cinq, Canal +,
Arte et M6, et bien avant la TNT)

tf1

1

QUAND J'ÉTAIS PETIT,

dans le métro parisien, le wagon de milieu de rame n'était jamais rempli, même aux heures de pointe : c'était le wagon de 1re classe.

(C'était avant l'abolition partielle de la 1re classe en 1982 puis totale en 1991)

QUAND J'ÉTAIS PETIT,

dans ma classe, il y avait toujours

trois Philippe et deux Nathalie.

Et il n'y avait pas encore vingt-sept

façons différentes d'orthographier

le prénom Tiphaine.

(C'était avant la liberté de choix
et de graphie des prénoms)

Quand j'étais petit,

je conservais pieusement les cartes

illustrées des tablettes de chocolat

Merveilles du Monde, mais ne faisais

qu'une bouchée des six grands

carreaux ornés d'animaux en relief.

(C'était avant la fin de la commercialisation de ce chocolat, en 2009)

QUAND

J'ÉTAIS

PETIT,

pour connaître
la météo
du lendemain,
il fallait faire
confiance
à la **GRENOUILLE**
d'Albert Simon
et à sa voix
chevrotante
sur Europe 1.

(C'était avant les images satellites)

QUAND J'ÉTAIS PETIT,

pour faire démarrer une voiture en hiver, il fallait tirer sur la manette du starter, puis la repousser lorsque le moteur était chaud.

(C'était avant les moteurs à injection électronique)

Quand j'étais petit,

lorsque mon modem 56K essayait de se connecter, il émettait un bruit strident qui réveillait tout l'immeuble :

gzgzz-tzziiiii-zouuutzziii-

(C'était avant l'ADSL)

rrrrrrrrrr-hiii-hiii-hiii !...

Quand
j Etais
petit,

je dessinais sur mon Télécran

des maisons avec des murs

bien droits, une belle porte

et une jolie cheminée verticale.

Les pentes du toit, elles,

étaient toujours bancales

et tremblotantes…

(C'était avant les tablettes tactiles)

QUAND J'ÉTAIS PETIT,

je n'avais aucun mal à retenir

les numéros de téléphone :

facile, ils n'avaient que **SIX CHIFFRES** !

(C'était avant le passage à huit chiffres en 1985 puis à dix en 1996)

Quand j'étais petit,

il y avait dans la bibliothèque

de mon grand-père des livres

qu'il n'avait jamais lus : je le sais,

les pages n'étaient même pas coupées.

(C'était avant le massicotage automatique de tous les livres)

QUAND J'ÉTAIS PETIT,

pour prendre une douche,

il fallait ouvrir séparément

les robinets d'eau chaude et d'eau

froide, puis bien ajuster les débits

pour ne pas s'ébouillanter.

(C'était avant les mitigeurs)

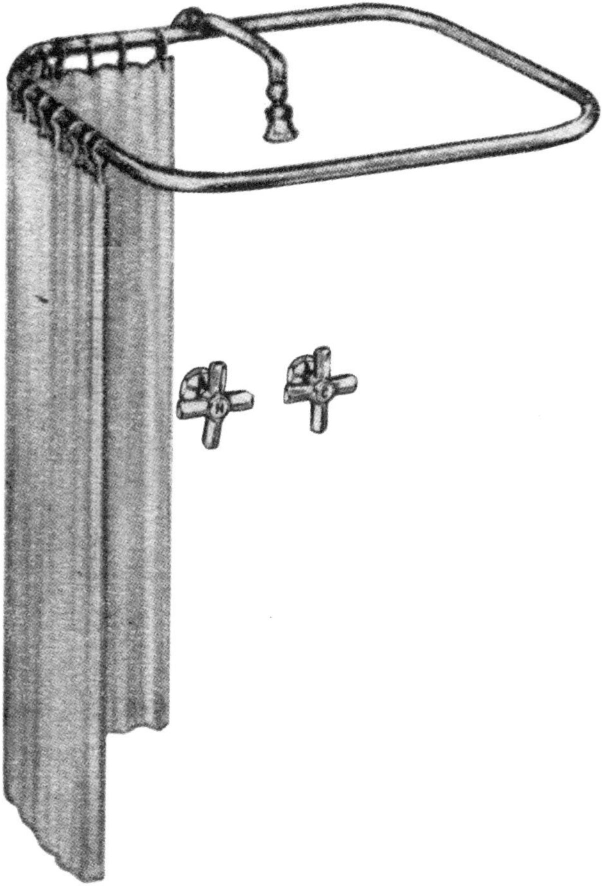

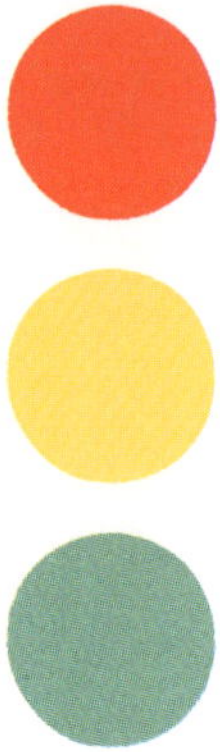

QUAND J'ÉTAIS PETIT,

sur la route des vacances d'été,

nous traversions 1 000 villages et nous

arrêtions à 10 000 feux rouges – au moins.

(C'était avant l'extension des autoroutes)

Quand j'étais petit,

pour revoir une cassette vidéo,

il fallait la rembobiner :

le rembobinage commençait lentement,

puis s'accélérait soudain

et ralentissait à nouveau à la fin.

(C'était avant les DVD)

Quand j'étais petit,

il fallait être menuisier pour assembler un meuble, mais ce meuble se transmettait ensuite de génération en génération.

(C'était avant Ikea)

QUAND J'ÉTAIS PETIT,

ma mère m'achetait des bâtons

de réglisse à la boulangerie :

elle pensait que, si je les mâchouillais,

je cesserais de me ronger les ongles.

(C'était avant qu'elle ne réalise
que je préférais mes ongles)

QUAND J'ÉTAIS PETIT,

je me cisaillais les lèvres à lécher les roudoudous jusqu'au dernier milligramme de sucre.

(C'était avant la disparition de cette confiserie préhistorique)

Quand j'étais petit,

lorsqu'un bus était blindé,

cela signifiait qu'il pouvait traverser

un champ de mines

sans une égratignure.

(C'était avant que le mot « blindé »
ne prenne le sens de « bondé »)

QUAND J'ÉTAIS PETIT,

je glissais mes pouces

sous mes bretelles,

puis tirais dessus

pour les tendre.

Lorsque je les relâchais,

elles claquaient

sur mon torse !

(C'était avant que les ceintures
ne remplacent les bretelles)

QUAND J'ÉTAIS PETIT,

la phrase

« 10 FOR A=1 TO 100 STEP 2 »

avait du SENS pour moi.

(C'était avant que le BASIC ne devienne une langue informatique morte)

QUAND J'ÉTAIS PETIT,
ma sœur avait dans sa trousse
une gomme qui avait l'odeur,
la couleur et la forme d'une fraise.

(C'était avant leur interdiction,
car des enfants les avalaient)

Quand j'étais petit,

la mascotte du Nesquik était un énorme lapin jaune appelé Groquik.

(C'était avant son remplacement, pour raison d'image, par le filiforme Quicky)

QUAND J'ÉTAIS PETIT,

Lucky Luke avait toujours une cigarette au bec.

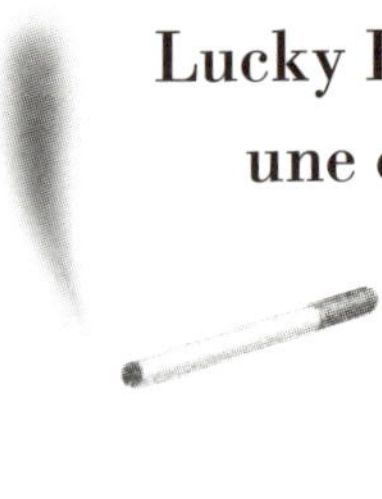

(C'était avant son remplacement par un brin de paille, en 1983)

QUAND J'ÉTAIS PETIT,

je n'avais que trois amis,

mais je les voyais tous les jours

et je pouvais vraiment

compter sur eux.

(C'était avant Facebook)

QUAND J'ÉTAIS PETIT,

ouvrir la fenêtre d'une voiture

se méritait : il fallait faire au moins

dix tours de manivelle.

(C'était avant les lève-vitres électriques)

Quand j'étais petit,

le nom « McDonald » évoquait
pour moi un vieux fermier
qui avait dans sa ferme des poules
et des dindons, des chèvres
et des cochons, des bœufs
et des moutons. Hi ha hi ha ho !

(C'était avant l'arrivée des fast-foods en France)

Quand j'étais petit,

mon cousin était un héros, car il possédait une collection incroyable de pin's.

(C'était avant la ringardisation des pin's et de mon cousin)

QUAND J'ÉTAIS PETIT,

pour connaître l'heure exacte,

il fallait téléphoner à l'horloge

parlante : « au quatrième top,

il sera exactement… »

(C'était avant que les téléphones et les ordinateurs ne la donnent en permanence)

Quand j'étais petit,

QUAND J'ÉTAIS PETIT,

on racontait que l'eau des piscines

contenait un produit chimique

qui virait au vert lorsqu'un enfant

faisait pipi dedans – la honte !

(C'était avant… avant rien : les enfants y croient toujours, et c'est tant mieux pour la qualité de l'eau)

BY AIR MAIL
PAR AVION

Quand j'étais petit,

lorsque ma tante d'Amérique
m'écrivait une lettre, elle l'envoyait
dans une enveloppe avec un liséré bleu,
blanc, rouge et l'inscription
« By Air Mail/Par Avion ».

(C'était avant la banalisation des transports aériens)

Quand
j'étais
petit,

les premiers jours à la mer,

je devenais rouge comme

une écrevisse.

Les jours suivants, ma peau pelait

et s'enlevait par plaques entières.

(C'était avant que les médecins ne sensibilisent les parents aux dangers du soleil)

Quand j'étais petit,

il était impossible de prendre

une photo discrètement :

tout le monde voyait bien

que vous aviez l'œil collé au viseur

de votre appareil.

(C'était avant les smartphones)

QUAND J'ÉTAIS PETIT,

lorsque mon ballon volait dans une fenêtre, j'étais privé d'argent de poche pendant un mois pour participer au remboursement de la vitre.

(C'était avant le double vitrage)

QUAND J'ÉTAIS PETIT,

lorsque ma mère oubliait le lait sur le feu, il débordait. Ensuite, en refroidissant, une fine peau se formait à sa surface.

(C'était avant le réchauffage du lait au micro-ondes, directement à la bonne température)

QUAND J'ÉTAIS PETIT,

dans la boîte à couture

de ma grand-mère, il y avait

un œuf en bois : elle le glissait

dans les **CHAUSSETTES TROUÉES**

pour les repriser.

(C'était avant que les chaussettes ne se retrouvent à la poubelle dès le premier trou)

Quand j'étais petit,

pour mon baptême

de l'air, une hôtesse

m'a fait visiter

la cabine de pilotage :

il y avait trois pilotes

dans le cockpit.

(C'était avant le 11 septembre 2001
et avant le pilotage à deux)

Quand
j'étais
petit,

pour protéger une audiocassette

contre un enregistrement accidentel,

il fallait faire sauter une languette

en plastique ; et pour enregistrer

à nouveau, coller du scotch

à l'emplacement de la languette.

(C'était avant les CD enregistrables)

QUAND J'ÉTAIS PETIT,

lorsqu'un professeur posait

un transparent sur le rétroprojecteur,

l'image apparaissait souvent

à l'envers sur le mur, ce qui faisait

GLOUSSER TOUTE LA CLASSE.

(C'était avant PowerPoint)

QUAND J'ÉTAIS PETIT,

lorsqu'un professeur posait

un transparent sur le rétroprojecteur,

l'image apparaissait souvent

à l'envers sur le mur, ce qui faisait

GLOUSSER TOUTE LA CLASSE.

(C'était avant PowerPoint)

Quand j'étais petit,

ma mère ignorait qu'il y avait

l'équivalent de sept morceaux de sucre

dans une canette de Coca.

Si elle l'avait su, je n'en aurais pas

bu autant…

(C'était avant l'étiquetage des informations nutritionnelles et avant les aliments allégés)

QUAND J'ÉTAIS PETIT,

quelle frustration en découvrant

que je ne pouvais pas voir les dernières

minutes d'un film, parce que

je l'avais enregistré sur une cassette

de 120 minutes au lieu de 180 !

(C'était avant l'enregistrement sur le disque dur de la box)

90

QUAND J'ÉTAIS PETIT

– enfin, plus si petit que cela puisque

c'était le jour de mon permis

de conduire –, j'ai fièrement accroché

mon autocollant « 90 » à l'arrière

de la voiture de mes parents.

(C'était avant le remplacement du « 90 » noir par le « A » rouge)

Quand j’étais petit,

dans les bibliothèques publiques,

un grand meuble avec de longs tiroirs

contenait les fiches de tous les livres.

Pour faciliter la recherche

d’un ouvrage, les tiroirs pouvaient

être retirés et posés sur une table.

(C’était avant les outils de recherche informatique)

QUAND J'ÉTAIS PETIT,

lorsque je jouais à la Dictée magique,

une voix de robot sanctionnait

ma réponse par un « BONNE RÉPONSE »

ou par un « C'EST INEXACT :

ESSAIE ENCORE UNE FOIS ».

(C'était avant les jeux vidéo)

QUAND J'ÉTAIS PETIT,

lorsque j'achetais

une carte

téléphonique,

je regardais

le tirage

inscrit au dos :

certains

collectionneurs

payaient cher

les plus rares.

(C'était avant la disparition des Télécartes, en avril 2014)

Quand j'étais petit,

à table, celui qui découvrait

dans son assiette le cœur

de la salade **verte** était le roi.

(C'était avant les salades en sachet)

QUAND J'ÉTAIS PETIT,

je me demandais si,

lors de la visite médicale

pour le service militaire,

je devrais me mettre tout nu

devant les autres garçons.

(C'était avant la fin
du service militaire obligatoire, en 2001)

Quand j'étais petit,

lorsque je cherchais

une information un peu pointue,

je savais que je la trouverais

dans mon Quid. Mais où exactement

dans le Quid, ça ???

(C'était avant Wikipédia)

QUAND J'ÉTAIS PETIT,

pour vérifier si une ampoule était cassée, il fallait regarder son filament et, pour une ampoule à verre dépoli, écouter le bruit qu'elle faisait quand on la secouait.

(C'était avant les ampoules fluocompactes et à led)

QUAND J'ÉTAIS PETIT,

mon père était le seul

de toute la famille assez fort

pour porter nos lourdes valises.

(C'était avant les valises à roulettes)

QUAND J'ÉTAIS PETIT,

mes mouchoirs étaient en tissu :

lorsque j'étais enrhumé,

c'était comme si une famille

de LIMACES y habitait.

(C'était avant les mouchoirs en papier)

QUAND J'ÉTAIS PETIT,

lorsque je n'aimais pas ma soupe,

seuls mes parents

étaient au courant – et encore,

pas toujours.

(C'était avant Twitter)

QUAND

J'ÉTAIS

PETIT,

les

sapins de

Noël perdaient

vite leurs aiguilles,

mais leur odeur était

magique – l'odeur de Noël !

(C'était avant que les sapins
de Nordmann ne supplantent les épicéas)

QUAND J'ÉTAIS PETIT

•••

ce n'était ni mieux
ni moins bien qu'aujourd'hui.

(C'était juste avant)

Texte original : Philippe Nessmann
Conception graphique et maquette : 2oeufsbaconp'titespatates
Sur une idée originale de Philippe Nessmann
ISBN : 978-2-35832-172-3
Dépôt légal : octobre 2014
Imprimé en France par Clerc
Photogravure : RVB – Montrouge